शुक्रिया कैलेंडर

लेखिका: डॉ. गीता वर्मा
चित्रकार: सानिका देशपांडे

जूनी बालकनी में खड़ी थी। अचानक डोर बेल बजी। मम्मी ने गेट खोला।

अंकुर भाई की शादी का कार्ड आया था। अंकुर जूनी का ममेरा भाई है।

‘शादी कब है मम्मी?’ जूनी ने पूछा।

‘14 जून को!’ मम्मी ने कहा।

जूनी सोचने लगी, ‘अभी शादी को कितने दिन हैं?’
वह उंगली पर गिनती, पर बार-बार भूल जाती।

मम्मी ने उसे गिनती करते देखा तो बोलीं, ‘कैलेंडर लेकर आओ जूनी। हम पता करते हैं कि शादी में कितने दिन हैं अभी?’

जूनी ऊपर वाले कमरे से कैलेंडर लेकर, मम्मी के पास आई।

‘आज कौन सी तारीख है जूनी?’ मम्मी ने पूछा।

‘14 अप्रैल!’ जूनी तपाक से बोली।

‘शाबाश! पहले हम 14 अप्रैल पर गोला लगाते हैं।’ मम्मी ने गोला लगाया। फिर कैलेंडर का पन्ना उलट दिया।

अब वे मई महीने के पन्ने पर थे।

मम्मी 14 मई पर गोला लगाते हुए बोलीं, 'तुम दोनों गोले के बीच के दिनों को गिनो और बताओ कितने दिन हुए!'

जूनी ने धीरे-धीरे गिनना शुरू किया।

एक... दो... तीन... तीस। मम्मी ये तो पूरे तीस दिन हैं।

'शाबाश जूनी। अब हम फिर से अगले पन्ने पर गोला लगाते हैं।' कहते हुए मम्मी ने जून के पन्ने पर गोला लगा दिया।

'अब आगे गिनो!' मम्मी ने जूनी को फिर से गिनने के लिए कहा।

जूनी को एक शरारत सूझी। वह तपाक से बोल पड़ी।

'एक... दो... तीस! तीस दिन मम्मी।'

'नहीं जूनी। ठीक से गिनो। तीस नहीं होंगे!' मम्मी नाराज होते हुए बोलीं।

जूनी थोड़ी रुआँसी हुई। उसने फिर से गिनना शुरू किया।

'एक... दो... तीन.. इकतीस!'

'शाबाश जूनी।' मम्मी बोलीं।

'पर ये महीना इकतीस का क्यों हुआ मम्मी!' जूनी ने पूछा।

‘मुझे ये नहीं पता जूनी कि क्यों कुछ महीने 30 और कुछ 31 दिनों के होते हैं। शायद कैलेंडर बनाने वालों ने साल को बराबर बाँटने की कोशिश में ऐसा किया होगा। फरवरी में तो 30 से कम ही दिन होते हैं...

... इसलिए अप्रैल के 30 दिन और मई के 31 दिन यानी कुल मिलाकर 61 दिन बाकी हैं अंकुर की शादी में।’ कहकर मम्मी मुस्कुराईं।

जूनी रोज सुबह उठकर पहले उस दिन की तारीख को काटती। फिर बचे दिनों को गिनती।

कैलेंडर पर क्रॉस (x) के निशान बढ़ते जा रहे थे। जूनी की खुशी का ठिकाना न था। शादी के दिन पास आ रहे थे।

मम्मी-पापा बाजार से खरीददारी में जुटे हुए थे। दादी भी कभी-कभी साथ चली जातीं।

एक दिन उन्होंने जूनी के लिए हरे रंग का लहंगा खरीदा। जूनी खुश थी। हरा उसका पसंदीदा रंग था।

जूनी के स्कूल में उसकी नई कक्षा शुरू हो गई। उसे नई कक्षा पसंद आई।

नए दोस्त, नया टाइम टेबल और नई-नई गतिविधियाँ... जूनी इन सब में जैसे खो सी गई।

इससे रोज कैलेंडर देखने और क्रॉस लगाने का काम छूट गया।

एक सुबह पापा ने उसे उठाया 'जूनी उठ जाओ! तैयार नहीं होना क्या?'

'क्यों पापा? सोने दीजिए न!' जूनी अलसाई हुई बोली।

'आज 14 जून है। अंकुर भाई की शादी का दिन।' मम्मी बोल पड़ीं।

'क्या?' कहती हुई जूनी झटपट उठी और भागकर कैलेंडर देखने लगी।

'हाँ, आज तो सचमुच 14 जून है।'

जूनी को याद आया कि उसने कई दिनों से कैलेंडर में निशान ही नहीं लगाया था।

सब लोग जल्दी-जल्दी
तैयार हुए।

थोड़ी देर में वे बस में थे। बस चल पड़ी। जूनी के ख्याल में दीवार पर टंगा कैलेंडर बार-बार आता रहा।

'आज कैलेंडर नहीं होता तो वह शादी में नहीं जा पाती। शायद पापा को भी पता नहीं चलता कि आज 14 जून है...

...शुक्रिया कैलेंडर! आज का दिन याद दिलाने के लिए।'

सोचते हुए जूनी मुस्कुरा उठी।